# "Wege zur Lösung: Eine Analyse der Flüchtlingspolitik und mögliche Perspektiven"

Die Inhaltsangabe des Buches gliedert sich wie folgt:

1. Einleitung

Einführung in die Problematik der Flüchtlingskrise

Die Dringlichkeit einer umfassenden Lösung

2. Historischer Kontext

Rückblick auf vergangene Flüchtlingsbewegungen und politische Reaktionen

Erfahrungen und Lehren aus der Geschichte

3. Die aktuelle Flüchtlingskrise

Analyse der globalen Flüchtlingszahlen und -ursachen

Herausforderungen für die Aufnahmeländer und
die Flüchtlinge selbst

## 4.  Internationale Reaktionen

Überblick über bestehende
Flüchtlingsabkommen und -konventionen

Kritik an der Umsetzung und Wirksamkeit dieser
Vereinbarungen

## 5.  Nationale Ansätze

Vergleich der Flüchtlingspolitiken verschiedener
Länder

Erfolgsgeschichten und Misserfolge in der
Bewältigung der Flüchtlingskrise

## 6.  Die Suche nach Lösungen

Ansätze zur Verbesserung der internationalen
Kooperation

# 1. Einleitung

## Einführung in die Problematik der Flüchtlingskrise

Die Flüchtlingskrise ist ein weltweit bedeutsames und komplexes Problem, das durch verschiedene Ursachen und Herausforderungen gekennzeichnet ist. Diese Krise betrifft nicht nur ein Land oder eine Region, sondern hat globale Auswirkungen. Um eine Einführung in die Problematik der Flüchtlingskrise zu geben, werde ich einige der

Hauptaspekte, Ursachen und
Herausforderungen beleuchten:

**Definition und Umfang**: Eine Flüchtlingskrise
tritt auf, wenn eine große Anzahl von Menschen
vor Konflikten, Verfolgung, Naturkatastrophen
oder wirtschaftlicher Not aus ihren
Heimatländern flieht. Diese Menschen werden
als Flüchtlinge bezeichnet, da sie Schutz und
Unterstützung in anderen Ländern suchen.

**Ursachen**: Die Flüchtlingskrise hat vielfältige
Ursachen. Dazu gehören bewaffnete Konflikte,
Bürgerkriege, ethnische Spannungen, politische
Verfolgung, wirtschaftliche Instabilität,
Naturkatastrophen und Umweltveränderungen.
Diese Faktoren können einzeln oder in
Kombination auftreten und Menschen zur Flucht
zwingen.

**Migrationsrouten**: Flüchtlinge nutzen oft
bestimmte Migrationsrouten, um in sicherere
Gebiete zu gelangen. Dies kann zu
Konzentrationen von Flüchtlingen in
bestimmten Regionen führen, was die Belastung
für diese Gebiete erhöht.

**Internationale Dimension**: Die Flüchtlingskrise ist ein globales Problem. Die meisten Flüchtlinge suchen Zuflucht in Nachbarländern, aber es gibt auch Fernmigration in andere Teile der Welt. Dies kann Spannungen zwischen Ländern und Regionen verschärfen.

**Herausforderungen für die Aufnahmeländer**: Länder, die Flüchtlinge aufnehmen, stehen vor erheblichen Herausforderungen. Dazu gehören die Bereitstellung von Unterkünften, Nahrung, Gesundheitsversorgung und Bildung für die Flüchtlinge. Dies kann die Ressourcen und Infrastruktur dieser Länder überlasten.

**Menschliche Tragödie**: Hinter den Statistiken und politischen Diskussionen stehen menschliche Schicksale. Flüchtlinge erleben oft traumatische Ereignisse und leiden unter den Bedingungen, unter denen sie leben. Dies hat schwerwiegende Auswirkungen auf die physische und psychische Gesundheit.

**Internationale Reaktionen**: Die internationale Gemeinschaft hat auf die Flüchtlingskrise mit verschiedenen Maßnahmen reagiert, darunter humanitäre Hilfe, politische Bemühungen zur Konfliktlösung und die Schaffung von Schutzmechanismen wie dem Flüchtlingsstatus.

**Integration und Rückkehr**: Langfristig ist die Integration von Flüchtlingen in die Aufnahmegesellschaft und die Schaffung von Bedingungen, die es ihnen ermöglichen, in ihre Heimatländer zurückzukehren, von großer Bedeutung.

Die Flüchtlingskrise ist ein komplexes und tiefgreifendes Problem, das nicht leicht gelöst werden kann. Sie erfordert eine koordinierte Anstrengung auf globaler Ebene, um die Ursachen anzugehen und den betroffenen Menschen Hilfe und Schutz zu bieten. Die Erforschung und Lösung dieser Krise bleibt eine der dringendsten Herausforderungen für die internationale Gemeinschaft.

Die Dringlichkeit einer umfassenden Lösung

Die Dringlichkeit einer umfassenden Lösung der Flüchtlingskrise ist von großer Bedeutung, und sie hängt von verschiedenen Faktoren ab, darunter die humanitäre Notlage der Flüchtlinge, die Stabilität der aufnehmenden Länder und die geopolitischen Auswirkungen. Hier sind einige Gründe, warum eine umfassende Lösung dringend erforderlich ist:

Humanitäre Notlage: Flüchtlinge sind oft Opfer von Konflikten, Verfolgung und Naturkatastrophen. Die Situation, in der sie sich befinden, ist oft lebensbedrohlich, und die Bereitstellung von Schutz und Unterstützung ist eine moralische Verpflichtung.

Stabilität der aufnehmenden Länder: Die Aufnahme großer Flüchtlingsgruppen kann die soziale, wirtschaftliche und politische Stabilität der aufnehmenden Länder gefährden. Eine unkontrollierte Zunahme von Flüchtlingen kann zu Spannungen führen, die sich auf die Innenpolitik auswirken.

Geopolitische Auswirkungen: Flüchtlingsbewegungen können geopolitische Auswirkungen haben, da sie in der Regel Grenzüberschreitungen und internationale

Beziehungen beeinflussen. Die Flüchtlingskrise kann zu Konflikten und Spannungen zwischen Ländern führen.

Wirtschaftliche Auswirkungen: Die Integration von Flüchtlingen in die Wirtschaft kann sowohl Chancen als auch Herausforderungen bieten. Wenn Flüchtlinge die Möglichkeit haben, sich zu integrieren und produktive Mitglieder der Gesellschaft zu werden, können sie zum wirtschaftlichen Wohlstand beitragen.

Sicherheitsaspekte: Es ist wichtig sicherzustellen, dass Flüchtlinge und Migranten gründlich überprüft werden, um sicherzustellen, dass keine sicherheitsrelevanten Bedenken bestehen. Eine effektive Kontrolle und Sicherheitsüberprüfung sind in einer umfassenden Lösung der Flüchtlingskrise von entscheidender Bedeutung.

Um die Dringlichkeit einer umfassenden Lösung der Flüchtlingskrise anzugehen, ist die Zusammenarbeit auf internationaler Ebene von entscheidender Bedeutung. Dies umfasst Maßnahmen wie die Bereitstellung von humanitärer Hilfe, die Schaffung sicherer Aufnahmeprogramme, die Förderung von

Frieden und Stabilität in Herkunftsländern und die Schaffung fairer und effektiver Einwanderungspolitiken. Es ist wichtig, die Rechte und die Würde der Flüchtlinge zu respektieren und gleichzeitig die Interessen der aufnehmenden Gesellschaften zu berücksichtigen. Eine umfassende Lösung erfordert eine koordinierte Anstrengung auf internationaler Ebene, um die Herausforderungen der Flüchtlingskrise anzugehen.

2. Historischer Kontext

Rückblick auf vergangene Flüchtlingsbewegungen und politische Reaktionen

Flüchtlingsbewegungen haben in der Geschichte immer wieder eine bedeutende Rolle gespielt, und politische Reaktionen darauf waren vielfältig. Hier sind einige Beispiele aus der jüngeren Geschichte:

Nach dem Zweiten Weltkrieg: Millionen von Menschen waren nach dem Zweiten Weltkrieg auf der Flucht. Die politischen Reaktionen in Europa und anderen Teilen der Welt waren geprägt von Bemühungen zur Wiedereingliederung von Flüchtlingen und der Schaffung internationaler Organisationen wie dem UNHCR (Hochkommissar der Vereinten Nationen für Flüchtlinge), um Flüchtlingen Schutz und Unterstützung zu bieten.

Ungarische Revolution von 1956: Tausende Ungarn flohen vor der sowjetischen Intervention. Viele Länder, darunter die USA, Kanada und Großbritannien, nahmen ungarische Flüchtlinge auf und gewährten ihnen Asyl.

Jugoslawien-Kriege (1990er Jahre): Während der Konflikte im ehemaligen Jugoslawien flohen zahlreiche Menschen vor Gewalt und ethnischen Säuberungen. Die Europäische Union und andere Länder reagierten mit der Bereitstellung von humanitärer Hilfe und der Aufnahme von Flüchtlingen.

Flüchtlingskrise im Nahen Osten: Der Syrien-Konflikt, der seit 2011 anhält, hat Millionen von Syrern zur Flucht gezwungen. Die politischen

Reaktionen reichten von humanitärer Hilfe bis hin zu unterschiedlichen Ansichten über die Aufnahme von Flüchtlingen in Europa. Die Krise hat die Einwanderungs- und Asylpolitik in der Europäischen Union stark beeinflusst.

Migration über das Mittelmeer: In den letzten Jahren haben viele Menschen versucht, über das Mittelmeer nach Europa zu gelangen, darunter Flüchtlinge aus Konfliktregionen in Afrika und dem Nahen Osten. Dies führte zu kontroversen politischen Diskussionen über die Verteilung von Flüchtlingen und die Rolle der EU bei der Bewältigung der Krise.

Politische Reaktionen und Herausforderungen: Die politischen Reaktionen auf Flüchtlingsbewegungen sind oft von nationalen Interessen, politischen Ideologien und öffentlicher Meinung geprägt. Die Herausforderungen liegen in der Integration von Flüchtlingen in die Aufnahmeländer, der Sicherung von Schutz und Grundrechten für Flüchtlinge sowie in der Bewältigung von humanitären und sozialen Herausforderungen.

Es ist wichtig zu betonen, dass Flüchtlingsbewegungen oft auf Krisen und

Konflikte hinweisen und menschliches Leid mit sich bringen. Die politischen Reaktionen sind komplex und umstritten, und sie beeinflussen oft die Beziehungen zwischen Ländern und die internationale Zusammenarbeit.

Erfahrungen und Lehren aus der Geschichte

Die Geschichte bietet zahlreiche Erfahrungen und Lehren im Bereich der Flüchtlingspolitik. Hier sind einige wichtige Punkte:

Ursachen für Flüchtlingsströme verstehen: Historisch gesehen haben Kriege, politische Verfolgung, Naturkatastrophen und wirtschaftliche Krisen Menschen dazu gezwungen, ihre Heimatländer zu verlassen. Die Flüchtlingspolitik sollte diese Ursachen berücksichtigen und Maßnahmen zur Konfliktverhütung, zur Förderung von Menschenrechten und zur wirtschaftlichen Entwicklung unterstützen.

Völkerrecht und Schutz der Flüchtlinge: Nach dem Zweiten Weltkrieg wurde die Genfer Flüchtlingskonvention von 1951 verabschiedet, um den Schutz und die Rechte von Flüchtlingen zu gewährleisten. Die Geschichte zeigt, dass die

Einhaltung dieser Konventionen von entscheidender Bedeutung ist und dass Flüchtlinge Rechte auf Asyl und Schutz vor Verfolgung haben.

Humanitäre Verantwortung: Die Geschichte hat gezeigt, dass Länder oft vor moralischen Dilemmas stehen, wenn es um die Aufnahme von Flüchtlingen geht. Die humanitäre Verantwortung, Menschen in Not zu helfen, ist ein wichtiger Faktor bei der Gestaltung von Flüchtlingspolitik.

Integration und Inklusion: Erfahrungen aus der Geschichte zeigen, dass die erfolgreiche Integration von Flüchtlingen in die Gesellschaft von großer Bedeutung ist. Die Bereitstellung von Bildung, Arbeitsmöglichkeiten und sozialer Unterstützung kann dazu beitragen, Flüchtlingen beim Neuanfang zu helfen.

Multilaterale Zusammenarbeit: Die Bewältigung von Flüchtlingskrisen erfordert oft die Zusammenarbeit zwischen verschiedenen Ländern und internationalen Organisationen. Historische Beispiele wie das Flüchtlingsabkommen von 1951 oder die Arbeit des UNHCR (Hochkommissariat der Vereinten

Nationen für Flüchtlinge) zeigen, dass multilaterale Zusammenarbeit notwendig ist, um effektive Lösungen zu finden.

Öffentliche Wahrnehmung und Politik: Die Geschichte zeigt, dass die öffentliche Meinung und politische Entscheidungen in Bezug auf Flüchtlinge oft stark miteinander verknüpft sind. Politiker sollten auf Fakten und Informationen setzen, um die öffentliche Meinung zu gestalten, und gleichzeitig die Bedenken und Ängste der Bürger ernst nehmen.

Langfristige Perspektive: Flüchtlingspolitik sollte nicht nur kurzfristig auf die akute Krise reagieren, sondern auch langfristige Strategien entwickeln, um die nachhaltige Integration und Rückkehr der Flüchtlinge in ihre Heimatländer zu fördern.

Die Geschichte lehrt uns, dass die Flüchtlingspolitik ein komplexes und sensibles Thema ist, das eine ausgewogene Herangehensweise erfordert, die sowohl die Interessen der aufnehmenden Länder als auch die Bedürfnisse und Rechte der Flüchtlinge berücksichtigt. Die Erfahrungen aus der

Geschichte dienen als wertvolle Quelle für die Gestaltung zukünftiger Flüchtlingspolitik.

## 3. Die aktuelle Flüchtlingskrise

Analyse der globalen Flüchtlingszahlen und -ursachen

Die Analyse der globalen Flüchtlingszahlen und -ursachen erfordert eine umfassende Betrachtung von verschiedenen Faktoren, die die Flüchtlingsbewegungen weltweit beeinflussen. Hier sind einige Schlüsselaspekte:

Globale Flüchtlingszahlen:

Die globalen Flüchtlingszahlen sind in den letzten Jahrzehnten gestiegen, wobei 2020 etwa 82,4 Millionen Menschen auf der Flucht waren, einschließlich Binnenvertriebenen und Flüchtlingen.

Dieser Anstieg ist hauptsächlich auf bewaffnete Konflikte, politische Instabilität, Menschenrechtsverletzungen und Umweltkatastrophen zurückzuführen.

Hauptursachen für Flucht:

Bewaffnete Konflikte: Ein Großteil der Flüchtlinge ist auf bewaffnete Konflikte zurückzuführen, wie beispielsweise in Syrien, Afghanistan und Jemen.

Menschenrechtsverletzungen: Verfolgung aufgrund von Rasse, Religion, Nationalität, politischer Meinung oder Zugehörigkeit zu einer bestimmten sozialen Gruppe treibt viele Menschen zur Flucht.

Umweltveränderungen: Der Klimawandel und Umweltkatastrophen wie Dürren, Überschwemmungen und Naturkatastrophen zwingen Menschen, ihre Heimatländer zu verlassen.

Wirtschaftliche Gründe: Armut, Arbeitslosigkeit und wirtschaftliche Instabilität können ebenfalls zu Fluchtbewegungen führen.

Regionale Unterschiede:

Flüchtlingsströme variieren je nach Region. Die meisten Flüchtlinge kommen aus Regionen wie dem Nahen Osten, Afrika und Südasien.

Länder in der Nähe von Konfliktzonen sind oft stärker von Flüchtlingsbewegungen betroffen, da sie die meisten Flüchtlinge aufnehmen.

Internationale Reaktion:

Die internationale Gemeinschaft hat verschiedene Abkommen und Organisationen geschaffen, um die Flüchtlingskrise zu bewältigen, darunter die Genfer Flüchtlingskonvention von 1951 und das UN-Flüchtlingshilfswerk (UNHCR).

Die Aufnahme und Integration von Flüchtlingen ist ein kontroverses Thema in vielen Ländern, und es gibt uneinheitliche Reaktionen auf die Bewältigung der Herausforderungen.

Langfristige Auswirkungen:

Flüchtlingsströme können erhebliche soziale, wirtschaftliche und politische Auswirkungen auf Herkunfts- und Aufnahmeländer haben.

Integration und Bildung sind entscheidend, um Flüchtlingen die Möglichkeit zur Wiederherstellung eines stabilen Lebens zu bieten.

Es ist wichtig zu beachten, dass die Flüchtlingskrise eine komplexe, multidimensionale Angelegenheit ist, die von politischen Entscheidungen, internationalen Beziehungen, Menschenrechtsfragen und Umweltauswirkungen beeinflusst wird. Die Lösung dieses Problems erfordert die Zusammenarbeit der internationalen Gemeinschaft, die Bekämpfung der zugrunde liegenden Ursachen von Flucht und die Schaffung von nachhaltigen Lösungen für die Aufnahme und Integration von Flüchtlingen.

Herausforderungen für die Aufnahmeländer und die Flüchtlinge selbst

Die Herausforderungen für Aufnahmeländer und Flüchtlinge selbst im Zusammenhang mit der Flüchtlingskrise sind vielfältig und komplex. Hier sind einige der wichtigsten Herausforderungen:

Herausforderungen für Aufnahmeländer:

**Ressourcenmangel**: Die Aufnahme und Versorgung von Flüchtlingen erfordert erhebliche Ressourcen, einschließlich Unterkunft, Nahrung, Gesundheitsversorgung und Bildung. Dies kann eine finanzielle Belastung für die Aufnahmeländer darstellen.

**Soziale Integration**: Die Integration von Flüchtlingen in die Gesellschaft kann eine Herausforderung darstellen, da sie oft unterschiedliche kulturelle, religiöse und sprachliche Hintergründe haben. Dies kann zu Spannungen und Konflikten führen.

**Rechtliche Herausforderungen**: Die rechtliche Verarbeitung von Asylanträgen und die Gewährleistung der Rechte von Flüchtlingen erfordern eine funktionierende Bürokratie und ein gut ausgestattetes Justizsystem.

**Sicherheitsbedenken**: Es gibt Sorgen hinsichtlich der Sicherheit, insbesondere in Bezug auf potenzielle Sicherheitsrisiken und die Fähigkeit, die Hintergründe von Flüchtlingen zu überprüfen.

**Politische Herausforderungen**: Die Aufnahme von Flüchtlingen kann zu politischen

Spannungen und Debatten führen, da einige Teile der Bevölkerung möglicherweise gegen die Aufnahme von Flüchtlingen sind.

Herausforderungen für Flüchtlinge selbst:

**Traumatische Erfahrungen**: Viele Flüchtlinge haben traumatische Erlebnisse durch Krieg, Verfolgung oder Naturkatastrophen erlebt, die ihre psychische Gesundheit beeinträchtigen können.

**Verlust von Zuhause und Identität**: Flüchtlinge verlassen oft ihre Heimatländer, was den Verlust von Zuhause, Familie und kultureller Identität bedeutet.

**Rechtsstatus und Unsicherheit**: Der Status als Flüchtling kann mit rechtlicher Unsicherheit einhergehen, da Asylanträge bearbeitet werden und die Möglichkeit der Abschiebung besteht.

**Soziale Isolation und Diskriminierung**: Flüchtlinge können sich in ihren Aufnahmeländern isoliert fühlen und mit Diskriminierung oder Vorurteilen konfrontiert sein.

**Sprachbarrieren**: Die Unfähigkeit, die Landessprache zu sprechen, kann die Integration und den Zugang zu Bildung und Arbeitsmöglichkeiten erschweren.

**Wirtschaftliche Herausforderungen**: Flüchtlinge stehen oft vor wirtschaftlichen Schwierigkeiten, da sie möglicherweise keine Arbeitserfahrung oder Qualifikationen vorweisen können, die in ihren Aufnahmeländern anerkannt werden.

Es ist wichtig zu betonen, dass die Bewältigung dieser Herausforderungen sowohl von den Aufnahmeländern als auch von der internationalen Gemeinschaft gemeinsame Anstrengungen erfordert, um die Bedürfnisse der Flüchtlinge zu erfüllen und die Integration in die Gesellschaft zu erleichtern. Dies kann durch gezielte Unterstützungsprogramme, Bildungsmöglichkeiten und Maßnahmen zur Förderung der sozialen Integration erreicht werden.

## 4.  Internationale Reaktionen

### Überblick über bestehende Flüchtlingsabkommen und -konventionen

Es gibt mehrere internationale Abkommen und Konventionen, die sich mit Flüchtlingen und deren Schutz befassen. Hier ist ein Überblick über einige der wichtigsten:

**Die Genfer Flüchtlingskonvention von 1951**: Dieses Abkommen definiert, wer als Flüchtling gilt, und legt die Rechte von Flüchtlingen fest. Es verpflichtet die Vertragsstaaten, Flüchtlingen Schutz und Unterstützung zu gewähren, einschließlich des Rechts auf Asyl.

**Das Übereinkommen über die Rechtsstellung der Staatenlosen von 1954**: Dieses Übereinkommen behandelt die Situation von staatenlosen Personen und gewährt ihnen bestimmte Rechte und Schutzmaßnahmen.

**Das Übereinkommen zur Verringerung der Staatenlosigkeit von 1961**: Dieses Übereinkommen hat das Ziel, die Zahl der staatenlosen Menschen zu reduzieren, indem es Regeln für die Vermeidung und Beseitigung der Staatenlosigkeit festlegt.

**Das Übereinkommen über die Rechte des Kindes von 1989**: Obwohl es sich nicht ausschließlich auf Flüchtlinge bezieht, schützt es die Rechte von Kindern, einschließlich derjenigen, die als Flüchtlinge anerkannt sind.

**Die Internationale Konvention zum Schutz aller Personen vor erzwungener Verschwindung von 2006**: Dieses Abkommen zielt darauf ab, das Verschwindenlassen von Menschen zu verhindern und zu bestrafen.

**Das Übereinkommen gegen Folter und andere grausame, unmenschliche oder erniedrigende Behandlung oder Strafe von 1984**: Obwohl es sich nicht ausschließlich auf Flüchtlinge bezieht, verbietet es die Anwendung von Folter und grausamer, unmenschlicher oder erniedrigender

Behandlung, was für den Schutz von Flüchtlingen von großer Bedeutung ist.

**Die New Yorker Erklärung für Flüchtlinge und Migranten von 2016**: Dies ist keine verbindliche Vereinbarung, sondern eine politische Erklärung der Vereinten Nationen, die sich mit den Herausforderungen im Zusammenhang mit Flüchtlingen und Migranten befasst und die Zusammenarbeit der Staaten bei der Lösung dieser Probleme fördert.

Zusätzlich zu diesen internationalen Abkommen gibt es regionale Abkommen und Initiativen, die sich mit Flüchtlingen und deren Schutz befassen, wie die Europäische Konvention zum Schutz der Menschenrechte und Grundfreiheiten und die Afrikanische Charta der Menschenrechte und der Rechte der Völker.


Kritik an der Umsetzung und Wirksamkeit dieser Vereinbarungen


Kritik an der Umsetzung und Wirksamkeit von bestehenden Flüchtlingsabkommen ist weit verbreitet und kann auf verschiedene Aspekte abzielen. Hier sind einige der häufigsten Kritikpunkte:

Mangelnde Umsetzung und Einhaltung: Eines der größten Probleme bei Flüchtlingsabkommen ist die mangelnde Umsetzung und Einhaltung der vereinbarten Maßnahmen durch die Vertragsparteien. Dies kann dazu führen, dass die Flüchtlinge nicht angemessen geschützt werden und ihre Rechte nicht gewahrt werden.

Verstoß gegen das Non-Refoulement-Prinzip: Das Non-Refoulement-Prinzip besagt, dass niemand in ein Land abgeschoben werden darf, in dem ihm Verfolgung oder ernsthafte Menschenrechtsverletzungen drohen. Kritiker werfen einigen Ländern vor, gegen dieses Prinzip zu verstoßen, indem sie Menschen in Länder zurückschicken, in denen ihnen Gefahr droht.

Unzureichende Aufnahmebedingungen: In vielen Ländern sind die Aufnahmebedingungen für Flüchtlinge und Asylsuchende unzureichend. Dies kann zu überfüllten Flüchtlingslagern, mangelnder medizinischer Versorgung und unzureichendem Zugang zu Bildung führen.

Langwierige Asylverfahren: Die Dauer der Asylverfahren in vielen Ländern wird häufig kritisiert, da sie Monate oder sogar Jahre in Anspruch nehmen können. Während dieser Zeit leben die Flüchtlinge oft in Unsicherheit und prekären Bedingungen.

Mangelnde Solidarität zwischen den Staaten: Ein weiterer Kritikpunkt betrifft die mangelnde Solidarität zwischen den Staaten in Bezug auf die Aufnahme von Flüchtlingen. Einige Länder tragen eine unverhältnismäßig große Last bei der Aufnahme von Flüchtlingen, während andere sich ihrer Verantwortung entziehen.

Politische Instrumentalisierung: Flüchtlingsabkommen können auch von Politikern instrumentalisiert werden, um politische Ziele zu verfolgen. Dies kann dazu führen, dass die Rechte der Flüchtlinge vernachlässigt werden.

Begrenzte Ressourcen: Die begrenzten finanziellen Ressourcen und Mittel, die für die Umsetzung von Flüchtlingsabkommen zur Verfügung stehen, können die Effektivität dieser Vereinbarungen beeinträchtigen.

Es ist wichtig zu beachten, dass Flüchtlingsabkommen oft komplex sind und von vielen Faktoren beeinflusst werden. Die Kritik kann je nach spezifischem Abkommen und den beteiligten Ländern variieren. In vielen Fällen versuchen internationale Organisationen wie das UN-Flüchtlingskommissariat (UNHCR) und Nichtregierungsorganisationen, auf die Einhaltung der Menschenrechte und eine bessere Umsetzung von Flüchtlingsabkommen hinzuwirken.

## 5.  Nationale Ansätze

Vergleich der Flüchtlingspolitiken verschiedener Länder

Die Flüchtlingspolitiken variieren stark von Land zu Land und können sich im Laufe der Zeit ändern. Hier ist ein grober Vergleich der Flüchtlingspolitiken einiger Länder bis zu meinem letzten Wissensupdate im September

2021. Bitte beachten Sie, dass sich die Situation seitdem geändert haben könnte:

Deutschland: Deutschland hat eine vergleichsweise großzügige Flüchtlingspolitik. Das Land hat eine lange Tradition der Aufnahme von Flüchtlingen und Asylsuchenden. Es gewährt Schutz und Unterstützung für Asylsuchende, und das deutsche Asylrecht ist in der Verfassung verankert. Deutschland hat während der Flüchtlingskrise 2015 eine große Anzahl von Flüchtlingen aufgenommen.

Vereinigte Staaten: Die USA haben sich unter verschiedenen Präsidenten unterschiedlich verhalten. Während einige Präsidenten eine großzügige Aufnahmepraxis verfolgten, gab es auch Zeiten, in denen die Einwanderungspolitik restriktiver war. Die USA haben Asyl- und Einwanderungsgesetze, die sich im Laufe der Jahre geändert haben.

Kanada: Kanada gilt als eines der aufnahmebereitesten Länder für Flüchtlinge. Das Land betreibt ein Punktesystem für Einwanderung und hat Programme zur Aufnahme von Flüchtlingen. Kanada hat sich in den letzten Jahren zur Aufnahme von syrischen Flüchtlingen stark engagiert.

Australien: Australien hat eine strikte Einwanderungspolitik, die auf der Idee der "Null Toleranz" gegenüber illegaler Einwanderung basiert. Das Land hat umstrittene Praktiken wie die Unterbringung von Asylsuchenden in Auffanglagern auf Inseln in der Nähe seiner Küsten.

Türkei: Die Türkei ist ein Land, das eine große Anzahl von Flüchtlingen aufgenommen hat, insbesondere aus Syrien. Sie haben Flüchtlingslager eingerichtet und Bemühungen unternommen, um den Bedürfnissen der Flüchtlinge gerecht zu werden.

Ungarn: Ungarn hat eine der restriktivsten Einwanderungspolitiken in Europa. Die Regierung hat Zäune an seinen Grenzen errichtet und Gesetze erlassen, um die Einreise von Flüchtlingen zu erschweren.

Schweden: Schweden hat in der Vergangenheit eine großzügige Asylpolitik verfolgt, aber sie hat in den letzten Jahren einige Einschränkungen eingeführt, insbesondere während der Flüchtlingskrise 2015.

Es ist wichtig zu beachten, dass sich die Flüchtlingspolitiken im Laufe der Zeit ändern können, und es kann erhebliche Unterschiede in der Umsetzung und Handhabung der Politik geben. Dieser Vergleich bietet einen allgemeinen Überblick über die Situation bis 2021, aber es ist ratsam, die aktuellen Entwicklungen in jedem Land zu überprüfen, um ein genaues Bild zu erhalten.

Erfolgsgeschichten und Misserfolge in der Bewältigung der Flüchtlingskrise

Die Bewältigung der Flüchtlingskrise in den letzten Jahren hat in verschiedenen Ländern Erfolgsgeschichten und Misserfolge hervorgebracht. Es ist wichtig zu beachten, dass die Situation in jedem Land unterschiedlich ist und dass sowohl Erfolge als auch Misserfolge in verschiedenen Aspekten der Flüchtlingskrise auftreten können. Hier sind einige Beispiele:

Erfolgsgeschichten:

Deutschland: Deutschland hat in den letzten Jahren eine bemerkenswerte Anstrengung unternommen, um Flüchtlinge aufzunehmen und zu integrieren. Die deutsche Regierung und Zivilgesellschaft haben Programme zur Unterstützung von Flüchtlingen aufgelegt, darunter Bildung, Arbeitsmarktintegration und soziale Dienstleistungen. Dies hat vielen Flüchtlingen geholfen, sich in die deutsche Gesellschaft zu integrieren.

Kanada: Kanada hat ein ausgewogenes und erfolgreiches Einwanderungssystem, das auch Flüchtlingen Zugang gewährt. Das Land hat Flüchtlinge aus verschiedenen Teilen der Welt aufgenommen und ein umfassendes Programm zur Unterstützung ihrer Integration entwickelt.

Misserfolge:

Griechenland: Griechenland hat aufgrund seiner geografischen Lage an der Vorderseite der europäischen Flüchtlingskrise enorme Herausforderungen bei der Bewältigung der Ankunft von Flüchtlingen aus Nahost und Nordafrika bewältigen müssen. Die Bedingungen in vielen griechischen Flüchtlingslagern wurden als inakzeptabel und unzureichend kritisiert, was zu humanitären Krisen geführt hat.

Ungarn: Die ungarische Regierung hat eine restriktive Einwanderungspolitik verfolgt und hat in der Vergangenheit die Rechte von Asylsuchenden eingeschränkt. Dies wurde von verschiedenen Menschenrechtsorganisationen kritisiert und als Verstoß gegen internationale Abkommen betrachtet.

Es ist wichtig zu beachten, dass die Bewältigung der Flüchtlingskrise ein komplexes und kontinuierliches Problem ist, das von politischen, wirtschaftlichen und sozialen Faktoren beeinflusst wird. Erfolgsgeschichten und Misserfolge können sich im Laufe der Zeit ändern und hängen von den politischen Entscheidungen und Maßnahmen der jeweiligen Länder ab.

6.  Die Suche nach Lösungen

Ansätze zur Verbesserung der internationalen
Kooperation

Die Verbesserung der internationalen
Kooperation zur Bewältigung der
Flüchtlingskrise erfordert eine umfassende
Herangehensweise und die Zusammenarbeit
vieler Akteure auf globaler, regionaler und
nationaler Ebene. Hier sind einige Ansätze zur
Verbesserung der internationalen Kooperation:

Multilaterale Diplomatie: Diplomatische
Bemühungen auf internationaler Ebene sind
entscheidend, um den Frieden in
Konfliktregionen wiederherzustellen und
politische Lösungen für Konflikte zu finden.
Nationen sollten sich aktiv an multilateralen
Foren wie den Vereinten Nationen, der
Europäischen Union und regionalen
Organisationen beteiligen.

Stärkung internationaler Organisationen:
Internationale Organisationen wie der UNHCR
(Hochkommissar der Vereinten Nationen für
Flüchtlinge) spielen eine Schlüsselrolle bei der
Unterstützung von Flüchtlingen. Die

Mitgliedstaaten sollten diese Organisationen finanziell unterstützen und ihre Kapazitäten zur Bewältigung von Flüchtlingsströmen stärken.

Verstärkte finanzielle Unterstützung: Nationen sollten ihre finanzielle Unterstützung für humanitäre Hilfe und Entwicklungszusammenarbeit in den Herkunfts- und Aufnahmeländern von Flüchtlingen erhöhen. Dies kann dazu beitragen, die Lebensbedingungen in Flüchtlingslagern zu verbessern und langfristige Lösungen für Flüchtlinge zu fördern.

Schaffung eines globalen Rahmens: Die Entwicklung eines globalen Rahmens zur Bewältigung der Flüchtlingskrise kann die Zusammenarbeit zwischen Ländern stärken. Der Globale Pakt für sichere, geordnete und reguläre Migration ist ein Beispiel für einen solchen Rahmen, der zur Verbesserung der Kooperation beitragen kann.

Gemeinsame Verantwortung: Nationen sollten die Idee der gemeinsamen Verantwortung für Flüchtlinge anerkennen. Dies bedeutet, dass nicht nur die Länder in unmittelbarer Nähe zu Konflikten Verantwortung tragen, sondern auch wohlhabendere Nationen zur Unterstützung und Aufnahme von Flüchtlingen beitragen sollten.

Stärkung der regionalen Zusammenarbeit: Regionale Organisationen und Länder sollten enger zusammenarbeiten, um die Belastung durch Flüchtlingsströme gerecht zu verteilen und grenzüberschreitende Herausforderungen anzugehen.

Bildung und Integration: Die Bildung von Flüchtlingen und ihre Integration in die Gesellschaften der Aufnahmeländer sind entscheidend, um langfristige Lösungen zu schaffen. Die internationale Gemeinschaft sollte Bildungsprogramme und Integrationsmaßnahmen fördern.

Vorbeugung von Fluchtursachen: Die Bekämpfung der Ursachen von Flucht, wie Konflikte, Armut und Umweltzerstörung, ist entscheidend. Nationen sollten sich aktiv für Friedensprozesse, Entwicklungszusammenarbeit und den Schutz von Menschenrechten einsetzen.

Information und Bewusstseinsbildung: Die Förderung eines besseren Verständnisses der

Flüchtlingskrise und die Sensibilisierung der Öffentlichkeit für die Herausforderungen, mit denen Flüchtlinge konfrontiert sind, sind wichtige Schritte zur Schaffung von Empathie und Unterstützung.

Flexibilität und Anpassungsfähigkeit: Die Flüchtlingskrise ist dynamisch, und die internationale Zusammenarbeit muss flexibel und anpassungsfähig sein, um auf neue Entwicklungen und Herausforderungen zu reagieren.

Die Bewältigung der Flüchtlingskrise erfordert eine breite und koordinierte Anstrengung auf globaler Ebene. Die genannten Ansätze sollen dazu beitragen, die internationale Kooperation zu stärken und langfristige Lösungen für Flüchtlinge zu schaffen.

Innovative Ideen für eine nachhaltige Flüchtlingspolitik

Eine nachhaltige Flüchtlingspolitik ist von entscheidender Bedeutung, um die Bedürfnisse von Flüchtlingen zu erfüllen, soziale Integration zu fördern und langfristige positive Auswirkungen auf die Aufnahmegesellschaft zu erzielen. Hier sind einige innovative Ideen für eine nachhaltige Flüchtlingspolitik:

**Integrierte Bildungssysteme:** Schaffen Sie integrative Bildungssysteme, in denen Flüchtlingskinder und -jugendliche in Regelschulen aufgenommen werden. Dies fördert die soziale Integration und verbessert die Bildungschancen.

**Jobtraining und Berufsbildung:** Bieten Sie Flüchtlingen gezielte Jobtrainings und Berufsbildung, die auf die Bedürfnisse des Arbeitsmarktes in der Aufnahmegesellschaft zugeschnitten sind. Dies hilft Flüchtlingen, nachhaltige Arbeitsplätze zu finden.

**Unternehmenspartnerschaften:** Ermutigen Sie Unternehmen, Flüchtlinge in ihre Belegschaft aufzunehmen. Dies kann durch Anreize wie Steuervergünstigungen oder Lohnzuschüsse unterstützt werden.

**Wohnrauminitiativen:** Schaffen Sie bezahlbaren Wohnraum, der Flüchtlingen zur Verfügung steht, und fördern Sie gemischte Wohngebiete, um soziale Integration zu erleichtern.

**Lokale Integration und Kulturaustausch:** Fördern Sie lokale Initiativen, die den kulturellen Austausch zwischen Flüchtlingen und der Aufnahmegesellschaft unterstützen. Dies kann dazu beitragen, Vorurteile abzubauen und das soziale Gefüge zu stärken.

**Klimaflüchtlinge berücksichtigen:** Angesichts des Klimawandels sollten Flüchtlingspolitiken auch die Bedürfnisse von Klimaflüchtlingen berücksichtigen. Dies erfordert möglicherweise internationale Zusammenarbeit und die Entwicklung von Richtlinien zur Bewältigung des Klimawandels.

**Psychosoziale Unterstützung:** Stellen Sie psychosoziale Unterstützung für traumatisierte Flüchtlinge zur Verfügung, um ihre psychische Gesundheit zu fördern und ihnen bei der Bewältigung ihrer Erfahrungen zu helfen.

**Sprachförderung:** Bieten Sie intensiven Sprachunterricht an, um die sprachliche Integration zu erleichtern und die Kommunikation in der Aufnahmegesellschaft zu verbessern.

**Community-Sponsoring:** Ermöglichen Sie es Gemeinschaftsorganisationen und Privatpersonen, Flüchtlinge zu sponsern und bei der Integration zu unterstützen.

**Wirtschaftliche Integration:** Fördern Sie unternehmerische Initiativen unter Flüchtlingen, indem Sie Mikrokredite und Schulungen für die Gründung von Kleinunternehmen bereitstellen.

**Mobile Apps und Online-Ressourcen:** Entwickeln Sie mobile Apps und Online-Plattformen, die Flüchtlingen den Zugang zu Informationen, Bildung und Beschäftigungsmöglichkeiten erleichtern.

**Regionale Kooperation:** Arbeiten Sie mit benachbarten Ländern und internationalen Organisationen zusammen, um regionale Lösungen für Flüchtlingsströme zu entwickeln und zu koordinieren.

**Frühzeitige Integration:** Beginnen Sie den Integrationsprozess so früh wie möglich und bieten Sie Flüchtlingen von Anfang an Unterstützung, um ihre langfristige Integration zu erleichtern.

Eine nachhaltige Flüchtlingspolitik sollte auf die langfristigen Bedürfnisse von Flüchtlingen abzielen, ihre Integration fördern und gleichzeitig die Aufnahmegesellschaft stärken. Diese Ideen können als Ausgangspunkt dienen, um innovative Lösungen in diesem Bereich zu entwickeln.

Die Rolle der Zivilgesellschaft und NGOs

Die Rolle der Zivilgesellschaft und Nichtregierungsorganisationen (NGOs) in der Flüchtlingspolitik ist von entscheidender Bedeutung und kann in verschiedenen Bereichen zusammengefasst werden:

**Humanitäre Hilfe und Versorgung:** NGOs wie das Rote Kreuz, Ärzte ohne Grenzen und viele andere bieten Flüchtlingen lebenswichtige humanitäre Hilfe, darunter medizinische Versorgung, Nahrung, Wasser und Unterkunft. Sie reagieren schnell auf humanitäre Krisen und sind oft vor Ort, um dringend benötigte Unterstützung bereitzustellen.

**Bildung und Integration:** Viele NGOs engagieren sich in Bildungs- und Integrationsprogrammen für Flüchtlinge. Sie bieten Bildungsmöglichkeiten, Sprachkurse und Unterstützung bei der Integration in die Aufnahmegesellschaft, was Flüchtlingen dabei hilft, langfristig selbstständig zu werden.

**Menschenrechtsüberwachung und -schutz:** NGOs überwachen die Einhaltung der Menschenrechte von Flüchtlingen und setzen sich für ihren Schutz ein. Dies umfasst die Verfolgung von Fällen von Menschenrechtsverletzungen und die Aufdeckung von Missständen in Flüchtlingslagern oder während der Flucht.

**Politische Advocacy und Lobbyarbeit:** NGOs spielen eine wichtige Rolle bei der Beeinflussung der Flüchtlingspolitik auf nationaler und internationaler Ebene. Sie setzen sich für die Rechte von Flüchtlingen ein, fordern eine gerechte Asylpolitik und setzen sich für die Verbesserung der Lebensbedingungen von Flüchtlingen ein.

**Informationsvermittlung und Bewusstseinsbildung:** NGOs tragen dazu bei, das Bewusstsein über die Herausforderungen, mit denen Flüchtlinge konfrontiert sind, zu erhöhen. Sie informieren die Öffentlichkeit über die Gründe für Flucht und die Notwendigkeit eines menschenwürdigen Umgangs mit Flüchtlingen.

**Koordinierung und Zusammenarbeit:** NGOs arbeiten oft eng mit Regierungen, internationalen Organisationen und anderen Akteuren zusammen, um eine effektive Reaktion auf Flüchtlingskrisen sicherzustellen. Sie können eine Brückenfunktion zwischen verschiedenen Interessengruppen und Akteuren einnehmen.

Die Zivilgesellschaft und NGOs spielen eine wichtige Rolle bei der Bereitstellung von humanitärer Hilfe und Unterstützung für Flüchtlinge, aber auch bei der Schaffung von Bewusstsein für die Bedürfnisse und

Herausforderungen von Flüchtlingen. Ihre Arbeit ist oft unverzichtbar, insbesondere in Situationen, in denen staatliche Ressourcen begrenzt sind oder in denen politische Entscheidungsträger keine ausreichende Unterstützung bieten.

## 7. Perspektiven für die Zukunft

Diskussion über langfristige Lösungen und Präventionsmaßnahmen

Die Diskussion über langfristige Lösungen und Präventionsmaßnahmen in der Flüchtlingspolitik ist von entscheidender Bedeutung, da sie dazu beiträgt, die Ursachen von Flucht und erzwungener Migration anzugehen, anstatt nur auf die Bewältigung der unmittelbaren Krise zu reagieren. Hier sind einige wichtige Aspekte und Ansätze, die in dieser Diskussion berücksichtigt werden sollten:

Konfliktprävention: Die Verhinderung von Konflikten auf internationaler Ebene ist entscheidend, um Fluchtursachen zu reduzieren. Diplomatische Bemühungen, Friedensverhandlungen und die Förderung von politischer Stabilität können dazu beitragen, Konflikte zu verhindern und zu beenden.

Entwicklungszusammenarbeit: Investitionen in die Entwicklung von Herkunftsländern können dazu beitragen, wirtschaftliche Perspektiven und soziale Stabilität zu schaffen. Dies umfasst die Förderung von Bildung, Gesundheitsversorgung, Wirtschaftswachstum und Armutsbekämpfung.

Klimawandel und Umweltschutz: Der Klimawandel und Umweltzerstörung sind zunehmend wichtige Faktoren für erzwungene Migration. Präventive Maßnahmen sollten den Umweltschutz und die Anpassung an den Klimawandel beinhalten, um die Lebensgrundlagen in gefährdeten Gebieten zu schützen.

Schutz der Menschenrechte: Die Förderung der Menschenrechte und die Bekämpfung von Diskriminierung, Verfolgung und Gewalt sind wesentlich, um Fluchtursachen zu verringern.

Dies erfordert internationale Zusammenarbeit und Druck auf Länder, die Menschenrechtsverletzungen begehen.

Bildung und Empowerment: Die Förderung von Bildung und Chancengleichheit, insbesondere für Frauen und Minderheiten, kann die wirtschaftliche und soziale Stabilität in gefährdeten Regionen stärken.

Humanitäre Hilfe: Die Bereitstellung von humanitärer Hilfe in Konflikt- und Krisengebieten ist unerlässlich, um das Leiden zu lindern und die Grundbedürfnisse der betroffenen Bevölkerung zu erfüllen. Dies kann dazu beitragen, Menschen davon abzuhalten, ihre Heimatländer zu verlassen.

Regionale Kooperation: Kooperation auf regionaler Ebene ist wichtig, um gemeinsame Lösungen für die Flüchtlingskrise zu finden. Dies umfasst die Entwicklung von Mechanismen zur Verteilung von Verantwortung und Unterstützung.

Legale Einwanderungspolitik: Die Schaffung sicherer und legaler Einwanderungsmöglichkeiten kann den Druck auf illegale Migration und Schleusernetzwerke reduzieren. Eine kluge Einwanderungspolitik kann auch dazu beitragen, die Integration von Migranten zu fördern.

Bewusstseinsbildung und Empathie: Die Förderung von Bewusstsein und Empathie in der Gesellschaft kann dazu beitragen, Vorurteile und Diskriminierung gegenüber Flüchtlingen abzubauen und deren Integration zu unterstützen.

Langfristige Planung und Zusammenarbeit: Langfristige Lösungen erfordern eine koordinierte internationale Anstrengung, bei der Regierungen, NGOs, internationale Organisationen und die Zivilgesellschaft zusammenarbeiten.

Es ist wichtig zu betonen, dass langfristige Lösungen und Präventionsmaßnahmen in der Flüchtlingspolitik einen umfassenden und koordinierten Ansatz erfordern. Die oben genannten Ansätze können dazu beitragen, die Gründe für Flucht und Migration zu reduzieren und gleichzeitig die Rechte und Würde der Betroffenen zu schützen.

Visionen für eine gerechtere und humanere
Welt

Visionen für eine gerechtere und humanere
Welt können viele verschiedene Bereiche und
Aspekte unseres Lebens umfassen. Hier sind
einige Ideen und Ansätze, die dazu beitragen
könnten, eine gerechtere und humanere Welt zu
schaffen:

**Bildung für alle**: Eine Welt, in der jeder Mensch,
unabhängig von seinem sozialen Status oder
seinem Wohnort, Zugang zu hochwertiger
Bildung hat. Dies umfasst nicht nur formale
Bildungseinrichtungen, sondern auch
lebenslanges Lernen und Bildungsmöglichkeiten
für Erwachsene.

**Gesundheitsversorgung für alle**: Ein gerechtes
Gesundheitssystem, das sicherstellt, dass alle
Menschen Zugang zu angemessener
medizinischer Versorgung haben, unabhängig
von ihrem Einkommen oder ihrer Herkunft.

**Bekämpfung von Armut und sozialer Ungleichheit**: Eine Welt, in der Armut und soziale Ungleichheit reduziert oder beseitigt sind. Dies könnte durch progressive Steuersysteme, soziale Sicherheitsnetze und gerechtere Verteilung von Ressourcen erreicht werden.

**Nachhaltigkeit und Umweltschutz**: Eine nachhaltige Welt, in der der Schutz der Umwelt und die nachhaltige Nutzung von Ressourcen im Vordergrund stehen. Dies würde den Klimawandel bekämpfen und zukünftigen Generationen eine intakte Umwelt hinterlassen.

**Menschenrechte und Gerechtigkeit**: Die Förderung und Einhaltung der Menschenrechte für alle Menschen, unabhängig von ihrer Rasse, ihrem Geschlecht, ihrer Religion oder ihrer sexuellen Orientierung. Dies schließt auch die Bekämpfung von Diskriminierung und Ungerechtigkeit ein.

**Frieden und Konfliktlösung**: Eine Welt ohne Kriege und bewaffnete Konflikte, in der Diplomatie und Konfliktlösung auf friedliche Weise gefördert werden.

**Soziale Solidarität und Empathie**: Eine Gesellschaft, in der Menschen füreinander sorgen, Empathie und Mitgefühl zeigen und sich aktiv für das Wohl anderer einsetzen.

**Innovation und Technologie für das Gemeinwohl**: Die Nutzung von Technologie und Innovation zur Verbesserung der Lebensqualität für alle und zur Lösung globaler Herausforderungen.

**Fairer Handel und Wirtschaftssysteme**: Eine gerechtere Wirtschaft, die fairere Handelspraktiken, angemessene Löhne und Arbeitsbedingungen sowie die Beteiligung der Gemeinschaften an den Früchten wirtschaftlicher Entwicklung fördert.

**Kultureller Austausch und Verständnis**: Eine Welt, in der kultureller Austausch und interkulturelles Verständnis gefördert werden, um Vorurteile abzubauen und den Frieden zu fördern.

Diese Visionen sind ambitioniert, aber sie bieten eine Perspektive, in der die Menschheit in eine bessere Zukunft steuern kann. Die Umsetzung dieser Ideen erfordert die Zusammenarbeit von

Regierungen, Gemeinschaften, NGOs und
Einzelpersonen auf der ganzen Welt. Jeder kann
seinen Teil dazu beitragen, eine gerechtere und
humanere Welt zu gestalten, sei es durch
ehrenamtliches Engagement, politische Aktivität
oder bewusstes Konsumverhalten.


8.  Schlussbetrachtung


Zusammenfassung der wichtigsten Erkenntnisse


Die Lösung der Flüchtlingskrise ist ein komplexes
und umstrittenes Thema, das von vielen
Faktoren beeinflusst wird. Hier sind einige der
wichtigsten Erkenntnisse und Ansätze zur
Bewältigung der Flüchtlingskrise:

Fluchtursachen bekämpfen: Die langfristige
Lösung der Flüchtlingskrise erfordert die
Bekämpfung der zugrunde liegenden
Fluchtursachen. Dazu gehören politische

Instabilität, bewaffnete Konflikte, Armut, Klimawandel und Menschenrechtsverletzungen. Internationale Zusammenarbeit ist entscheidend, um diese Ursachen anzugehen.

Schutz der Menschenrechte: Die Achtung der Menschenrechte ist von zentraler Bedeutung. Flüchtlinge haben das Recht auf Schutz vor Verfolgung und Gewalt. Dies erfordert die Umsetzung von internationalen Abkommen wie der Genfer Flüchtlingskonvention.

Integration und Aufnahme: Länder müssen Mechanismen für die sichere und legale Aufnahme von Flüchtlingen schaffen. Dies kann die Bereitstellung von Unterkünften, Gesundheitsversorgung, Bildung und Arbeitsmöglichkeiten umfassen.

Lastenteilung: Um die Belastung auf einzelne Länder zu verringern, ist eine gerechte Verteilung der Verantwortung für die Aufnahme von Flüchtlingen erforderlich. Dies erfordert internationale Kooperation und Solidarität.

Bekämpfung von Schleusern: Schleusernetzwerke, die von der Verzweiflung der Flüchtlinge profitieren, müssen bekämpft werden. Dies erfordert eine verstärkte Zusammenarbeit zwischen den Strafverfolgungsbehörden und die Unterbindung der illegalen Migration.

Bildung und Empowerment: Flüchtlinge sollten Zugang zu Bildung und Möglichkeiten zur Integration in die Gesellschaft erhalten. Dies stärkt ihre Fähigkeit zur Selbstversorgung und trägt zur wirtschaftlichen Entwicklung bei.

Konfliktprävention und Friedensförderung: Die Prävention von bewaffneten Konflikten und die Förderung des Friedens in Konfliktregionen sind entscheidend, um die Zahl der Flüchtlinge zu reduzieren.

Humanitäre Hilfe: Die Bereitstellung von humanitärer Hilfe in Flüchtlingslagern und betroffenen Gebieten ist unerlässlich, um akute Bedürfnisse zu decken.

Asylverfahren und Rechtsstaatlichkeit: Ein transparentes und gerechtes Asylverfahren ist wichtig, um den Schutzbedarf von Flüchtlingen zu bewerten und sicherzustellen, dass sie faire Chancen auf Anerkennung erhalten.

Bewusstseinsbildung und Empathie: Es ist wichtig, die Öffentlichkeit über die Situation der Flüchtlinge aufzuklären und Empathie zu fördern, um Vorurteile und Diskriminierung abzubauen.

Die Lösung der Flüchtlingskrise erfordert eine langfristige, koordinierte und weltweite Anstrengung, die politische, soziale und wirtschaftliche Aspekte umfasst. Es gibt keine einfache Lösung, aber die oben genannten Erkenntnisse und Ansätze sind entscheidend, um das Leiden der Betroffenen zu lindern und die Krise langfristig zu bewältigen.

Appell an die Leser, sich für eine bessere Flüchtlingspolitik einzusetzen

Liebe Leser,

heute wende ich mich an euch, um eure Aufmerksamkeit auf ein äußerst wichtiges und drängendes Thema zu lenken: die Flüchtlingspolitik. In einer Welt, die von Konflikten, Kriegen und Naturkatastrophen gezeichnet ist, sind Millionen von Menschen gezwungen, ihr Zuhause zu verlassen und Schutz anderswo zu suchen. Es ist unsere Pflicht, als Mitglieder einer globalen Gemeinschaft, uns für eine bessere Flüchtlingspolitik einzusetzen.

Flüchtlinge sind Menschen wie du und ich, die in verzweifelten Situationen Schutz suchen. Sie verlassen ihre Heimat aus Angst vor Verfolgung, Krieg und Not. Wir dürfen nicht vergessen, dass Flüchtlinge oft ihre Familien, ihr Zuhause und ihre Identität verlieren. Sie stehen vor Herausforderungen, die wir uns nur schwer vorstellen können.

Leider ist die derzeitige Flüchtlingspolitik in vielen Teilen der Welt unzureichend, und Flüchtlinge sehen sich oft mit bürokratischen Hürden, Diskriminierung und unwürdigen Lebensbedingungen konfrontiert. Wir können und müssen mehr tun, um diese Situation zu verbessern.

Wir appellieren an euch, liebe Leser, euch für eine bessere Flüchtlingspolitik einzusetzen, und hier sind einige Schritte, die wir gemeinsam unternehmen können:

Informiert euch: Bildet euch über die Flüchtlingskrise und die politischen Maßnahmen, die ergriffen werden, um Flüchtlingen zu helfen. Versteht die Ursachen der Krise und die Bedürfnisse der Betroffenen.

Unterstützt humanitäre Organisationen: Spendet an Organisationen, die sich für Flüchtlinge einsetzen und ihnen bei der Deckung ihrer Grundbedürfnisse helfen.

Engagiert euch politisch: Schreibt an eure gewählten Vertreter und fordert sie auf, sich für eine menschenwürdige Flüchtlingspolitik einzusetzen. Nehmt an Demonstrationen und Kundgebungen teil, um eure Stimme zu erheben.

Bildet euch selbst: Informiert euch über die rechtlichen Aspekte der Flüchtlingspolitik, um Missverständnisse und Vorurteile zu bekämpfen. Teilt dieses Wissen mit anderen, um ein Bewusstsein für die Situation zu schaffen.

Schafft Empathie: Versucht, euch in die Lage der Flüchtlinge zu versetzen, und erkennt ihre Menschlichkeit an. Vermeidet Vorurteile und Diskriminierung.

Unterstützt Flüchtlinge in eurer Gemeinschaft: Bietet Hilfe bei der Integration, beispielsweise durch Sprachunterricht, Jobvermittlung oder soziale Unterstützung.

Wir haben die Kraft, positive Veränderungen herbeizuführen. Eine bessere Flüchtlingspolitik ist möglich, wenn wir uns gemeinsam dafür einsetzen. Lasst uns unsere Mitmenschlichkeit zeigen und denjenigen helfen, die dringend unsere Unterstützung benötigen. Jeder Beitrag zählt, und zusammen können wir eine Welt schaffen, in der Flüchtlinge sicher und respektvoll behandelt werden.

Vielen Dank, dass ihr euch Zeit genommen habt, diesen Appell zu lesen. Euer Engagement kann einen großen Unterschied machen.

Mit freundlichen Grüßen,


Guido Jamin